AF389897

LES CHANSONS

DE

GAULTIER GARGUILLE.

NOUVELLE ÉDITION.

Suivant la Copie imprimée à Paris en
1631.

A LONDRES,

M. DC. LVIII.

AUX

CURIEUX

Qui chériſſent la Scene Françoiſe.

E froid humide du der-
nier voyage de Com-
piegne m'ayant enroué
la gargamelle comme une
charette mal graiſſée, je me
ſuis conſolé en mon affliction,
ainſi que font ces vieux Bour-
guemaiſtres d'Allemagne, qui
ne pouvans plus continuer la
bonne chere accouſtumée, à
cauſe de l'indigeſtion de leur
eſtomach, ſe contentent de

faire trinquer & feſtiner leurs valets en leur préſence, ſe ſervant en ces repas des yeux pour faire l'office de la bouche : de meſme voyant qu'il ne m'eſtoit plus poſſible d'entonner l'air de mes agreables Chanſons, je me ſuis adviſé de les faire imprimer, afin d'avoir le plaiſir ou de les ouir chanter devant moi par d'autres, ou bien les liſant de les marmotter moi-meſme en baſſe notte : Mais à préſent qu'Apollon en faveur des Muſes m'a faict recouvrer une bonne partie de l'original de ma voix, je vous en offre en ce Recueil la copie, pour vous divertir quelquefois durant ce prochain Carneval. Que ſi ce Portrait ne vous ſatisfait entierement,

vous pourrez venir voir le per-
sonnage vivant, ou au Louvre,
ou en noftre Théâtre ordinai-
re. C'eft,

Messieurs,

L'effectif GAULTIER
GARGUILLE, *qui
vous baife tout ce qui
fe peut baifer fans
prejudice de l'odorat.*

A GAULTIER GARGUILLE,

SUR SES CHANSONS.

STANCES.

FRenetiques efprits, humeurs mortes &
fombres,
Vifages déterrez qui feroient peur aux om-
bres,
Voicy le remede approuvé,
Qui dégageant vos cœurs de la melancholie,
Lorfque vous l'aurez efprouvé,
Vous tirera des maux qu'apporte la folie.

Les meilleurs Medecins qui dedans cette
ville,
Reglent nos paffions, & font mourir la bile
Par tant de diverfes façons,
Ne pourroient pas chaffer cette trifteffe
noire,

En comparaison des Chansons
Qui viennent obliger aujourd'huy la mé-
   moire.

Ce sont des airs de Cour que Paris idolatre,
Qui sont les passe-temps qu'on rencontre au
   Théâtre,
     Et les délices de nos jours :
En un mot leur beauté ne peut estre expri-
   mée
     Que par la bouche des Amours,
Et par le bon recit qu'en fait la Renommée.

Elles pourroient charmer l'oreille d'un Mo-
   narque,
Ressusciter un mort, faire rire la Parque,
     Attirer le marbre & le fer :
Elles pourroient enfin eslever un trophée
Sur les puissances de l'enfer,
Que n'emporta jamais la musique d'Orphée.

Gaultier aura l'honneur que les plus belles
    Dames
Emprunteront ſes vers pour deſcrire leurs
    flames,
        Et le Dieu des neuf Sœurs
Apprendra ſes Chanſons pour donner des
    Oracles,
        Car leurs charmes & leurs douceurs
N'ont que trop de pouvoir pour faire des
    miracles.

Curieux qui cherchez des fleurs en toutes
    choſes,
Qui forcez la nature à nous donner des ro-
    ſes
        Dans la plus ſterile ſaiſon,
Recevez cet Autheur dont on n'a pû meſdire
        Dans les termes de la raiſon,
Bien qu'il donne touſiours quelque ſujet de
    rire.

A GAULTIER

GARGUILLE,

SUR SES CHANSONS.

SONNET.

EN boufonnant j'ay fait ces vers,
En boufonnant je te les donne ;
Ce n'eſt qu'une rime boufonne ,
Mais j'ai mis aujourd'hui mon eſprit à l'en-
 vers.

Si je n'euſſe auſſi de travers
Taillé ma plume violonne ,
Gaultier ta grotesque perſonne
Verroit ſon nom voler aux coings de l'uni-
 vers.

Mais non , tes Chanſons ſont ſi belles,
Qu'il ne te faut point d'autres aisles ,
Si tu n'aimes pluſtot voller en Perroquet.

SONNET.

De moy , quand je sçaurois bien dire ,
Je m'esclate si fort de rire
Qu'à te voir seulement ma Muse a le ho-
quet.

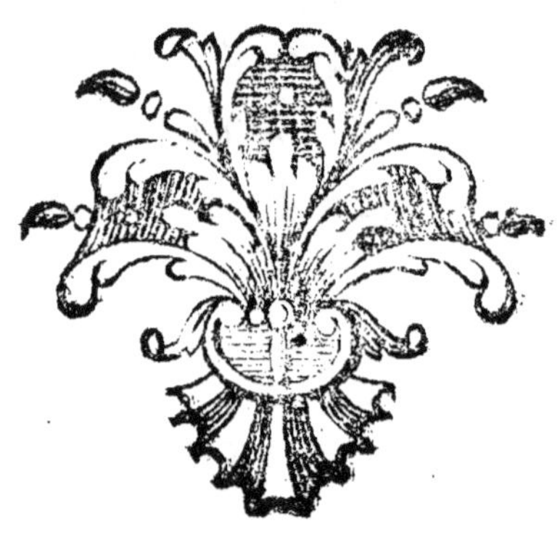

Privilége du Roy.

LOUYS par la grace de Dieu, Roy de France & de Navarre, à nos amez & feaux Conseillers les Gens tenans nos Cours de Parlement, Conseillers de Cour souveraine, & tous autres nos Justiciers & Officiers qu'il appartiendra, Salut. Nostre cher & bien-aimé HUGUES GUERU dit Flechelles, l'un de nos Comédiens ordinaires, nous a faict remonstrer qu'ayant composé un petit Livre intitulé, *Les nouvelles Chansons de* GAULTIER GARGUILLE, il le désireroit mettre en lumiere & faire imprimer : mais il craint qu'autres que celui à qui il donneroit charge de l'imprimer ne le contrefissent & n'adjoutassent quelques autres Chansons plus dissolues que les siennes , s'il ne lui estoit sur ce par nous pourveu de nos lettres neceſſaires. A ces causes, défirant favorablement traicter ledit Gueru, Nous lui avons permis & permettrons par ces préſentes de faire imprimer , vendre & débiter ledit Livre par tel Imprimeur & Libraire que bon lui ſemblera , pendant le temps & eſpace de dix ans, à compter du jour qu'il ſera achevé d'imprimer. Faiſant très - expreſſes inhibitions & défenſes à tous Libraires , Imprimeurs & autres de quelque qualité & condition qu'ils ſoient de contrefaire , tronquer ni alterer aucune choſe dudit Livre , en vendre , ni débiter d'autre impreſſion que de celle de celui qui aura été choiſi & élû par ledit expoſant , ni même faire graver ſon Portrait, à peine de confiſcation des exemplaires qui ſe trouveront avoir été imprimés durant ledit temps ſans le congé & permiſſion dudit expoſant , & d'amende arbitraire. Si vous mandons, que du contenu eſdites préſentes

lettres de permiſſion vous ayez à faire jouir & uſer plainement & paiſi-
blement ledit Gueru. Et au premier
noſtre Huiſſier ou Sergent ſur ce requis faire pour l'expédition deſdites
préſentes tous exploicts requis & né-
ceſſaires, ſans demander placet, *vi-
ſa ne pareatis* : & non - obſtant Cla-
meur de Haro, Charte Normande
priſe à partie, & lettres à ce con-
traires. A la charge toutes fois de
mettre deux exemplaires dudit Livre en notre Bibliothéque des Cor-
deliers de notre bonne ville de Paris. Et que mettant au commence-
ment ou fin dudit Livre autant des
préſentes ou extraict d'icelles, elles
ſoient tenuës pour ſignifiées. Car
tel eſt noſtre plaiſir. Donné à Paris
le quatriéſme jour de Mars l'an de
grace mil ſix cens trente-un, & de
notre Regne le vingt-cinquiéme.

Par le Roi en ſon Conſeil,

FARDOIL.

LES CHANSONS

DE

GAULTIER GARGUILLE.

CHANSON PRÉMIERE.

UN jour en me pourmenant
Dans l'espois d'un verd bocage,
Trouvay Philin & Philis
Qui faisoient un beau mesnage.
La la la la ne riez pas tant,
Vous en feriez bien autant.

A

Dans un lieu peu defcouvert,
Pourtant ouvert à ma veuë,
Ils fe fervoient pour lict vert
D'une butte fort herbuë.
     La la la la ne riez pas tant,
   Vous en feriez bien autant.

Philis baifoit fon Philin,
Philin en faifoit de mefme,
Et luy touchant fon tetin
Monftroit une ardeur extrême.
     La la la la ne riez pas tant,
   Vous en feriez bien autant.

Mais hélas ! que vey-je au poinct
Que commençoit l'efcarmouche,
Pluftoft que ne vey-je point ?
Amour dy-le de ta bouche.
     La la la la ne riez pas tant,
   Vous en feriez bien autant.

Je les veis tous deux pasmez
Aprés un si doux martyre ,
Les yeux à demy fermez
Se regarder sans mot dire.
    La la la la ne riez pas tant ,
    Vous en feriez bien autant.

Mais Philin qui de plus beau
Veut r'attaquer l'entreprise ,
Trouve là que son oyseau
Est poltron à la remise.
    La la la la ne riez pas tant ,
    Vous en feriez bien autant.

II.

Mon compere a une fille ,
Donne l'y , donne l'y de l'estrille ,
Qui coud , qui brode & qui file :
Ha ! qu'il est heureux qui coud.
Donne l'y donne l'y de l'estrille ,
Et de l'avoine au poinct du jour.

❋

Qui coud , qui brode , & qui file ,
Donne l'y , donne l'y de l'estrille :
Quand son pere est à la ville ,
Ha ! qu'il est heureux qui coud.
Donne l'y , donne l'y de l'estrille ,
Et de l'avoine au poinct du jour.

❋

Quand son pere est à la ville ,
Donne l'y , donne l'y de l'estrille ,
Elle s'en va jouer aux quilles ,
Ha ! qu'il est heureux qui coud.
Donne l'y , donne l'y de l'estrille ,
Et de l'avoine au poinct du jour.

Elle s'en va jouer aux quilles ,
Donne l'y , donne l'y de l'estrille,
Avecques son voisin Gilles ,
Ha ! qu'il est heureux qui coud.
Donne l'y , donne l'y de l'estrille,
Et de l'avoine au poinct du jour.

Avecques son voisin Gilles ,
Donne l'y , donne l'y de l'estrille,
Qui sans cesse la fretille ,
Ha ! qu'il est heureux qui coud.
Donne l'y , donne l'y de l'estrille ,
Et de l'avoine au poinct du jour.

Qui sans cesse la fretille ,
Donne l'y , donne l'y de l'estrille,
Du bout de sa grosse esguille ,
Ha ! qu'il est heureux qui coud.
Donne l'y , donne l'y de l'estrille,
Et de l'avoine au poinct du jour.

A iij

Du bout de ſa groſſe eſguille,
Donne l'y, donne l'y de l'eſtrille,
Elle a tant dreſſé ſa quille,
Ha ! qu'il eſt heureux qui coud.
Donne l'y, donne l'y de l'eſtrille,
Et de l'avoine au poinct du jour.

Elle a tant dreſſé ſa quille,
Donne l'y, donne l'y de l'eſtrille,
Qu'il lui a faict une fille,
Ha ! qu'il eſt heureux qui coud.
Donne l'y, donne l'y de l'eſtrille,
Et de l'avoine au poinct du jour.

I I I.

QUAND Guillot vient de matine,
O le bon mary ma voisine,
Il baloye la cuisine
Et me va querir de l'eau.
O le bon mary ma voisine,
Il en faudra garder la peau.

Il baloye la cuisine,
O le bon mary ma voisine,
Il me va querir chopine,
Et si m'oste son chapeau.
O le bon mary ma voisine,
Il en faudra garder la peau.

Il me va querir chopine,
O le bon mary ma voisine;
Le plus souvent il devine
Comme un Almanach nouveau.

O le bon mary ma voiſine,
Il en faudra garder la peau.

Le plus ſouvent il devine,
O le bon mary ma voiſine,
La nuiƈt entre les courtines
Quand je veux faire de l'eau,
O le bon mary ma voiſine,
Il en faudra garder la peau.

La nuiƈt entre les courtines,
O le bon mary ma voiſine,
Il me donne la terrine,
Et me faiƈt le pied de veau.
O le bon mary ma voiſine,
Il en faudra garder la peau.

I V.

J'AY acquis une Maitreſſe,   (*bis.*)
Qui n'a rien que quatorze ans,
Le matin je la careſſe,
Je lui donne ſur la feſſe,
Nous reſtons tous deux contens ?
Et venez venez fille fille folle folle,
Fille folle venez, fille tous à mon eſchole.
Je vous en feray autant.

Quand ma Maitreſſe eſt malade, (*bis.*)
Je luy ſers de Medecin,
Pour la rendre plus gaillarde
Je lui mets ma paſtanade
Dedans ſon petit baſſin,
Et venez fille fille folle folle,
Fille folle venez, fille tous à mon eſchol,
Pour dancer les mataſſins.

A v

La femme eſt d'une nature   (*bis.*)
Difficile à contenter ,
Il lui faut la confiture
Vive de rouge teinture ,
Elle meurt ſans en gouſter.
Et venez fille fille folle folle ,
Fille folle venez, fille tous à mon eſchole,
Je vous en ferai taſter.

Un jour donnant un cliſtere   (*bis.*)
A un gros jeune feſſier ,
On me dit , que veux-tu faire
Gros lourdaut d'Apoticaire ,
Mets le pilon au mortier.
Et venez fille fille folle folle ,
Fille folle venez, fille tous à mon eſchole,
Je vous en feray gouſter.

V.

UN beau matin je rencontray
Margot le long d'une prairie,
Tout foudain je lui demanday
D'où venoit fa melancholie,
Elle dit qu'elle n'avoit pas
De chair pour faire un bon repas.

Je lui offris mon petit cœur,
La petite fe prit à rire,
Me proteftant qu'à mon humeur
Elle ne treuvoit rien à dire ;
Mais certes je n'avois pas
De quoy lui faire un bon repas.

Je luy mis dans fa belle main
Une poignée de piftoles,
Elle me dit qu'elle avoit faim,
Qu'à mon argent & mes paroles
                              A vj

La pauvrette ne treuvoit pas
De quoy luy faire un bon repas.

Après avoir bien recognu
L'intention de cette Belle,
Je lui feis voir mon corps à nud,
Ah ! Monſieur mon amy, dit-elle,
Aſteure je ne doute pas
De faire un excellent repas.

La mauvaiſe ayant bien repeu
Elle faict de la deſplaiſante,
Moy qui ay faict ce que j'ay peu
Afin de la rendre contente,
Elle jure que je n'avois pas
Pour luy faire un aure repas.

VI.

UN jour allant voir ma mie,
Un jour allant voir ma mie,
De chier me prit envie,
Je m'efcorchay tout le trou,
Jamais en jour de ma vie
Je ne chiray que debout.

Je m'affis fur une ortie,
Je m'affis fur une ortie,
Au cul me veint la veffie,
Je me picquay par le bout
Jamais en jour de ma vie
Je ne chiray que debout.

Soufflez y fans qu'on en rie,
Soufflez y fans qu'on en rie,
Afin que plus je ne crie,
Je ferai guery du tout,
Jamais en jour de ma vie
Je ne chiray que debout.

Ou leche m'y je t'en prie,
Ou leche m'y je t'en prie,
Tout homme qui pete & chie
N'a pas torché cul toufiours,
Jamais en toute ma vie
Je ne chiray que debout.

VII.

COMMENT filerois-je,
Je fuis fans fufée,
Mon mary me bat la la,
J'en fuis bien fafchée,
   Mais plus il me battera
   Je ferai toufiours cela.
File Margot, file, file comme moy.

Comment filerois-je,
Je n'ay point de laine,
Mon mary me bat la la,
Trois fois la femaine,
   Mais plus il me battera

Je feray toufiours cela.
File Margot , file , file comme moy,

Comment filerois-je ,
Je n'ay point de chanvre ,
Mon mari me bat la la ,
Dedans notre chambre ,
    Mais plus il me battera
    Je feray toufiours cela.
File Margot , file , file comme moy,

Comment filerois-je ,
J'ay mal à la tefte ,
Mon mary me bat la la ,
Ce n'eft qu'une befte ,
    Mais plus il me battera
    Je ferai toufiours cela.
File Margot , file , file comme moy,

VIII.

BELLE je vous offre un oyseau,
Qui est eschapé de la muë,
Mais il luy manque le cerveau
Et la plus grand'part de la queue :
Si vous le muez à loisir
Il vous donnera du plaisir.

Cet oyseau roide & bien volant
Faisoit merveille à son servage,
Asteure en Caresme-prenant
Belles mettez le dans la cage :
Si vous le muez à loisir
Il vous donnera du plaisir.

Ce brave oiseau fin & subtil
Ayme le poil comme la plume,
Mais quand il vole le connil
Il est si aspre qu'il s'enrume :
Si vous le muez à loisir
Il vous donnera du plaisir.

Noſtre oyſeau ne ſe perdra point
Il a de fort bonnes ſonnetes ,
Ayez en tant ſoi peu ſoucy ,
Il ſervira tant que vous eſtes :
Sur tout muez-le de loiſir
Il vous donnera du plaiſir.

Il eſt bouffon au dernier point ,
Car auſſi toſt qu'il void le leurre
Il vient roide deſſus le poing ,
Et tant ſoit peu qu'il y demeure
Si vous le muez à loiſir
Il vous donnera du plaiſir.

IX.

Vous pouvez faire la belle ,
Mais de paſſer pour pucelle
Cela vous eſt interdict ,
Car vous eſtes plus cognuë
Qu'une fille retenuë ,
Mon petit doigt me l'a dict.

Vous faictes de la finette,
En touchant voftre efpinette
Dont le fon vous eftourdit,
Voftre defir vous propofe
De toucher quelque autre chofe,
Mon petit doigt me l'a dict.

L'autre jour dans un bocage
Un garçon du voifinage
Sur l'herbe vous eftendit,
Puis vous ayant defcouverte
Vous donna la cotte verte,
Mon petit doigt me l'a dict.

Com. . . . . fi chafte Dame
A quelque chofe dans l'ame
Qui la tourmente un petit,
Mais qu'elle n'aye point de honte
Je fçay bien que c'eft un conte,
Mon petit doigt me l'a dict.

X.

A L'ombre d'une fougere   (*bis.*)
Tout proche d'un jeune bois
J'ay tant foulé l'herbette
Que j'en suis presque aux abois.

J'ay rencontré une fille   (*bis.*)
Qui chantoit à haute voix ;
J'ay tant foulé l'herbette
Que j'en suis presque aux abois.

Au son de la chansonnette   · (*bis.*)
Respondit un villageois ,
J'ay tant foulé l'herbette
Que j'en suis presque aux abois.

En jouant sur sa musette   (*bis.*)
Luy disoit en son patois ,
J'ay tant foulé l'herbette
Que j'en suis presque aux abois.

En foulant l'herbe mollette   (bis.(
Baife-moy cinq ou fix fois,
J'ai tant foulé l'herbette
Que j'en fuis prefque aux abois.

✕

La fillette fut follette,   (bis.)
Luy donna fur fon minois.
J'ai tant foulé l'herbette
Que j'en fuis prefque aux abois.

✕

Et puis il fit la chofette   (bis
Qui luy a duré neuf mois,
J'ay tant foulé l'herbette
Que j'en fuis prefque aux abois

XI.

L'Autre jour un gentil galand
Se plaignoit à sa belle-mere,
Que sa femme sa va plaignant
La larme à l'œil à sa commere
Que ce luy est chose bien amere
De le faire ainsi nuict & jour.
Fessez fessez, ce dit la mere,
La peau du cul revient tousiours.

✳

Ma mere, ce dit le beau fils,
Jamais je n'en veis de si fiere,
L'autre des jours quand je luy fis
Elle tournoit le cul arriere,
Mais elle est bonne mesnagere,
Voilà qui est tout mon recours.
Fessez fessez, ce dit la mere,
La peau du cul revient tousiours.

✳

Quand je reviens du cabaret
Elle faict sabbat de sorciere,

Et moy d'un manche de balay
Je vous luy taille des croupieres,
Puis Barbiers & Apoticaires
Tirent tout l'argent de chez nous,
Fessez fessez, dit la commere,
La peau du cul revient tousiours.

X I I.

EN m'en revenant de Gascogne
Je passay par le Poictou,
Je r'encontray un pauvre homme
Qui geloit dessoubs un chou.
Il le vey, je le vey ma commere,
Je le vey dur comme un caillou.

Je r'encontay un pauvre homme
Qui geloit dessoubs des choux ;
J'eus peur que la nuict venue
Il ne fust mangé des loups,
Je le vey, je le vey ma commere,
Je le vey dur comme un caillou.

J'eus peur que la nuict venue
Il ne fuſt mangé du loup ,
Je le mis ſoubs mes eſſelles
Et le chargeay ſur mon cou.
Je le vey , je le vey ma commere ,
Je le vey dur comme un caillou.

Je le mis ſoubs mes eſſelles
Et le chargeay ſur mon cou.
Quand il fut dedans ma chambre
Il avoit perdu le pouls.
Je le vey , je le vey ma commere ,
Je le vey dur comme un caillou.

Quand il fut dedans ma chambre
Il avoit perdu le pouls ,
Je l'approche de mon haſtre
Et le mis ſur mes genoux.
Je le vey , je le vey ma commere ,
Je le vey dur comme un caillou.

Je l'approche de mon haftre
Et le mis fur mes genoux,
Je le frotte & le manie
Tant que je le mis debout.
Je le vey, je le vey ma commere,
Je le vey dur comme un caillou,

Je le frotte & le manie
Tant que je le mis debout,
Nous cheufmes tous deux enfemble
Luy deffus & moy deffoubs,
Je le vey, je le vey ma commere,
Je le vey dur comme un caillou.

Nous cheufmes tous deux enfemble
Luy deffus & moy deffoubs,
Pour me payer de mes peines
Me baifa cinq ou fix coups.
Je le vey, je le vey ma commere,
Je le vey dur comme un caillou.

XIII.

XIII.

OUVREZ nous la belle hosteſſe,
Voicy noſtre bulletin,
Juſques à demain matin
Logez un peu la jeuneſſe.
       Trois pauvres ſoldats tous nuds
       Seront-ils les bien venus ?

Nous avons faict une ronde
Depuis la nuict juſqu'au jour,
Soubs l'enſeigne de l'Amour
Nous courons par tout le monde.
       Trois pauvres ſoldats tous nuds
       Seront-ils les bien venus ?

Ne redoutez point nos armes,
Nature nous les donna,
Et l'Amour les façonna
Pour eſtre de ſes gendarmes.
       Trois pauvres ſoldats tous nuds
       Seront-ils les bien venus ?

B

Nos mousquets n'ont point de flammes,
Tels bastons sont defendus,
Mais nos arcs sont bien tendus
Pour le service des Dames.
     Trois pauvres soldats tous nuds
     Seront ils les bien venus ?

Je tremble de telle sorte
Que je crains le mal de dents,
J'entrerai tout seul dedans
Mes deux goujats à la porte.
     Trois pauvres soldats tous nuds
     Seront-ils les bien venus ?

Je crains d'estre icy malade,
Ouvrez belle hardiment,
Si vous n'ouvrez vitement
J'enfonce la barricade.
     Trois pauvres soldats tous nuds
     Seront-ils les biens venus ?

XIV.

JE demanday à la vieille
Quel chapperon elle vouloit,
La vieille m'a répondu,
D'un beau velours s'il y en avoit.
Vous en aurez vieille
Vous en auray donc,
Requinquez vous vieille,
Requinquez vous donc,
Que ne vous requinquez vous vieille,
Que ne vous requinquez vous donc.

Je demanday à la vieille
Quel colet elle vouloit,
La vieille m'a respondu,
D'un beau quintin s'il y en avoit.
Vous en aurez vieille,
Vous en aurez donc,
Requinquez vous vieille, &c.

B ij

Je demanday à la vieille
Qu'elle juppe elle vouloit,
La vieille m'a respondu,
D'un beau satin s'il y en avoit,
Vous en aurez vieille,
Vous en aurez donc,
Requinquez vous vieille, &c.

Je demanday à la vieille
Quelle musique elle vouloit,
La vieille m'a respondu,
D'un flageollet s'il y en avoit,
Vous en aurez vieille,
Vous en aurez donc,
Requinquez vous vieille, &c.

Je demanday à la vieille
Quelle viande elle vouloit,
La vieille m'a respondu,
D'une andouille s'il y en avoit,
Vous en aurez vieille,
Vous en aurez donc,
Requinquez vous vieille, &c.

X V.

QUE je me plais soubs voſtre loy , (*bis.*)
Cloris ſi toſt que je vous voy
Ma joye eſt ſans ſeconde ,
Car vous avez je ne ſçay quoi
Qui charme tout le monde.

Vos deſdains me ſont des appas , (*bis.*)
Vous me fuyez , je ſuis vos pas ,
Voſtre glace m'enflamme ,
Et vous ſerez juſqu'au treſpas
Princeſſe de mon ame.

Des peines je me rends vainqueur , (*bis.*)
C'eſt en vain que voſtre rigueur
Inceſſamment m'outrage ,
Vous m'avez bien oſté le cœur ,
Mais non pas le courage.

B iij

Je sçay bien qu'un Roy seulement   (*bis.*)
Est digne d'estre vostre Amant,
O ma douce cruelle,
Mais si je faux en vous aymant
Au moins la faute est belle.

✗

Si vous me voyez soupirer   (*bis.*)
C'est que je ne puis desirer,
Ma gloire est trop petite,
Et mon humeur est d'esperer
Plus que je ne mérite.

X V I.

JE sçay une jolie chanson,
C'est de Robin, de Janneton,
Ils ont couché ensemble da,
Dame ne vous desplaise da,   (*bis.*)
Dame ne vous desplaise.

✗

Robin a dit à Janneton,
Çà que je baise ton teton,

Je te feray tant aiſe da,
Dame ne vous deſplaiſe da, (*bis.*)
Dame ne vous deſplaiſe.

Quand Robin vit que Janneton
Se laiſſa baiſer ſon teton,
La jette à la renverſe da,
Dame ne vous deſplaiſe da, (*bis.*)
Dame ne vous deſplaiſe.

Or ſus Robin recommençons
Ce jeu beau qui me ſemble
Si bon & meilleur que des fraiſes da;
Dame ne vous deſplaiſe da, (*bis.*)
Dame ne vous deſplaiſe.

Robin ſi j'euſſe bien penſé
Que tu te fuſſe ſi toſt laſſé,
Je fuſſe encor pucelle da,
Dame ne vous deſplaiſe da, (*bis.*)
Dame ne vous deſplaiſe.

XVII.

QUe l'Amour est rigoureux,
Qu'il assortit mal ses flâmes.
Quand j'estois jeune amoureux
Il me fit hayr des Dames.
  Ores il m'offre des fillettes
  Quand j'ai passé soixante ans,
  Mais c'est donner des noisettes
  A ceux qui n'ont plus de dents.

Quand j'estois vaillant soldat
Chacun fuyoit ma rencontre,
Ores qu'on me livre au combat
Je ne puis que faire monstre.
  Car de parler d'amourettes
  A qui passe soixante ans,
  C'est présenter des noisettes
  A ceux qui n'ont plus de dents.

Estant garçon à louer
Je bruslois auprès des filles;

Qui ne vouloient point jouer
Ayant fait dreſſer les quilles ;
   Et maintenant ces fillettes
   M'offrent leur embraſſement ;
   Mais c'eſt donner des noiſettes
   A ceux qui n'ont plus de dents.

Si l'on m'euſt fait autrefois
Travailler à la journée ,
J'euſſe bien fendu du bois
Sans eſmouſſer ma coignée ,
   Mais de parler d'amourettes
   A qui paſſe ſoixante ans ,
   C'eſt préſenter des noiſettes
   A ceux qui n'ont plus de dents.

Les filles fuyoient mon eau
Ma fontaine eſtant remplie ,
Et chacune tend ſon ſeau
Lorſque la ſource eſt tarie.
   Retournez vous en fillettes ,
   Vous prenez mal voſtre temps ;
   Vous préſentez des noiſettes
   A ceux qui n'ont plus de dents.

XVIII.

ET de mon asne
Qui en aura la teste,
Se sera toy lacquais,
La tienne est bien mauvaise,
Hélas mon asne tu te meurs,
Tu me fais mourir de peur.

Et de mon asne
Qui en aura la peau,
Se sera vous, Monsieur,
Pour vous faire un manteau,
Hélas mon asne tu te meurs,
Tu me fais mourir de peur.

Et de mon asne
Qui aura les oreilles,
Se sera vous, Monsieur,
Pour pendre vos bouteilles,
Hélas mon asne tu te meurs,
Tu me fais mourir de peur.

Et de mon afne
Qui en aura les jambes,
Se fera vous, Monfieur,
Pour danfer farabandes,
Hélas mon afne tu te meurs,
Tu me fais mourir de peur.

Et de mon afne
Qui en aura les yeux,
Se fera vous, Monfieur,
Vous eftes chaffieux.
Hélas mon afne tu te meurs,
Tu me fais mourir de peur.

Et de mon afne
Qui en aura la queuë,
Se fera vous, Monfieur,
La voftre eft trop menuë,
Hélas mon afne tu te meurs,
Tu me fais mourir de peur.

Et de mon afne
Qui en aura l'efprit,

Se sera vous , Monsieur,
Le vostre est bien petit ,
Hélas mon asne tu te meurs ,
Tu me fais mourir de peur.

X I X.

QUELQU'UN me dit en secret ,
Que ma femme est par trop gaillarde,
Et que si je n'y prend garde ,
Un jour j'en auray regret.
    Mais je pense qu'il est plus doux
    D'estre cocu que jaloux.

Je sçay bien que tous les jours
Elle apprend les affetteries ,
Que le Cours & les Thuilleries
Sont ses escholles d'amour.
    Mais je pense qu'il est plus doux
    D'estre cocu que jaloux.

Je fçay bien que tous les jours
Feignant d'aller voir sa voisine ,
Ou visiter sa cousine ,
Elle va voir ses amours.
   Mais je pense qu'il est plus doux
   D'estre cocu que jaloux.

Tout le plus grand réconfort
Qu'en ce mal je me promette ,
Est rendre ce qu'on me preste ,
Sans m'en affliger si fort.
   Et de croire qu'il est plus doux
   D'estre cocu que jaloux.

X X.

EN ce beau temps de vendange
Où chacun prend ses ébats ,
Ne treuvez donc pas estrange
Si je gratte ainsi mon bras ,
Pourquoy non s'il me démange
Ne le grateray-je pas ?

J'ay veu dedans noſtre grange
La groſſe fille à Colas,
Sur la paille qu'elle arrange,
Prendre un ſemblable ſoulas.
Pourquoy non s'il me démange
Ne le gratteray-je pas ?

Elle dit en contr'eſchange,
Que me ſuivant pas à pas,
Par le trou d'une lozange
Elle vit mon petit cas.
Pourquoy non s'il me demange
Ne le gratteray-je pas ?

Donnez m'en blâme ou louange,
J'y treuve par trop d'appas,
Et n'en voudrois pas le change
Pour un gros fromage gras.
Pourquoy non s'il me démange
Ne le gratteray-je pas ?

XXI.

POur un festin qui m’agrée
Voici tout ce qu’il me faut ,
Un plat de navets d’entrée ,
Au dessert un artichaut.
Des artichaux & des navets ,
Ce sont deux sortes de mets.

Le devant & le derriere
Se sentent de ce banquet ,
L’un charge la canonniere ,
Et l’autre le pistolet.
Des artichaux & des navets ,
Ce sont deux sortes de mets.

Quand j’ai vuidé mon escuelle
Des gros navets de Cleon ,
J’enfoncerois la Rochelle
Tout à grands coups de canon.
Des artichaux & des navets ,
Ce sont deux sortes de mets.

Pour l'artichaut il m'enflamme,
Je ne vous dis pas comment,
Demandez-le à ma femme,
Quand j'en mange, elle s'en sent.
Des artichaux & des navets
Ce sont deux sortes de mets.

XXII.

A Mour tenoit sa seance
Il y peut avoir trois mois,
Et j'ouis à haute voix
Prononcer cette sentence.
Il faut payer nuict & jour
Les arrêrages d'amour.

Trente femmes de tout ages
Sont accourues promptement
Demander le payement
De tous les vieux arrêrages.
Il faut payer nuict & jour
Les arrêrages d'amour.

Une vieille Damoiselle
Qui caquetoit volontiers,
Alla par tous les quartiers
Annoncer cette nouvelle.
Il faut payer nuict & jour
Les arrêrages d'amour.

Une veuve bien gentille
Vient jurer par ses beaux yeux
Que l'on lui devoit de vieux
De quatre ans qu'elle étoit fille,
Qu'on lui payast nuit & jour
Les arrêrages d'amour.

Une jeune Damoiselle
Demandoit à un vielleux,
As- tu perdu les deux yeux
En jouant de ta vielle,
Non, mais ce fut l'autre jour
Payant les debtes d'amour.

Mais je ne me sçaurois taire
De ce rude jugement ,
J'en appelle promptement ,
Car ma foy c'est trop d'affaire ,
Que de payer nuict & jour
Les arrérages d'amour.

XXIII.

M On Dieu que je plains ces maris
Sujets à jalousie ,
J'en ai un qui me veut nourrir
En cette tyrannie ,
N'est-ce pas bien pour en mourir
Que d'avoir un jaloux mary ?

J'en ay un qui me veut nourrir
En cette tyrannie ,
A tout ce que je prends plaisir
Soudain me le desnie :
N'est-ce pas bien pour en mourir
Que d'avoir un jaloux mary ?

A tout ce que je prends plaifir,
Soudain me le defnie ,
Il ne veut pas tant feulement
Que je voye compagnie ,
N'eft-ce pas bien pour en mourir ,
Que d'avoir un jaloux mary ?

Il ne veut pas tant feulement
Que je voye compagnie ,
Si toft qu'il vient quelqu'un chez moi ,
Il entre en frenaifie ,
N'eft-ce pas bien pour en mourir
Que d'avoir un jaloux mary ?

Si toft qu'il vient quelqu'un chez moi,
Il entre en frenaifie ,
Il emmaigrit de jour en jour
De cette maladie.
N'eft-ce pas bien pour en mourir
Que d'avoir un jaloux mary ?

XXIV.

MOn pere m'a donné mary ,
Un faux vieillard tout racourcy ,
Tant j'estois innocente ,
Qui n'avoit point , qui n'avoit point
De bonne avoyne à vendre.

Un faux vieillard tout racourcy ,
La nuict que couchay avec luy ,
Après ma longue attente ,
Il me jura qu'il n'avoit point
De bonne avoyne à vendre.

La nuict que couchay avec luy ,
Se recula & s'endormit ,
Je demeurai constante ,
Croyant alors qu'il n'avoit point
De bonne avoyne à vendre.

Se recula & s'endormit,
Tout promptement je fors du lict,
Outrée & mefcontente,
Difant fi de ceux qui n'ont point
De bonne avoyne à vendre.

Tout promptement je fors du lict,
M'en vay chez mon pere & lui dift
Fafchée & mal plaifante,
Il n'en a point, ce faux vieillard,
De bonne avoyne à vendre.

M'en vay chez mon pere, & lui dift,
Mon pere il me faut un amy,
Qui librement fe vante
D'avoir au defaut du vieillard
De bonne avoyne à vendre.

XXIV.

JE perdis au soir ici
Le plus joly guillery ,
Je le mis dans une cage
Qui avoit le cul percé ,
Obligez-moy de le rendre
Mes Dames si vous l'avez.

Je le mis dans une cage
Qui avoit le cul percé ,
Le guillery fut volage ,
Bien-tost il s'en est allé :
Obligez-moi de le rendre
Mes Dames si vous l'avez.

Le Guillery fut volage ,
Bien-tost il s'en est allé ,
Regardez dessous vos juppes
S'il n'y sera point vollé,
Obligez-moi de le rendre
Mes Dames si vous l'avez.

Regardez deſſous vos juppes
S'il n'y ſera point vollé,
Demandez à vos ſervantes
S'elles ne l'ont point caché.
Obligez-moi de le rendre
Mes Dames ſi vous l'avez.

Demandez à vos ſervantes
S'elles ne l'ont point caché,
Il ne cognoiſt point leur cage,
Il n'y voudra pas chanter.
Obligez-moi de le rendre,
Mes Dames ſi vous l'avez.

Il ne cognoiſt pas leur cage,
Il n'y voudra pas chanter,
Et ſi elles l'importunent,
Elles le feront plorer.
Obligez-moi de le rendre,
Mes Dames ſi vous l'avez.

XXVI.

Navet n'avet point de vin,
Navet n'avet point de vin,
Et son Vallet en avet,
Et pourquoi n'en avet Navet,
Et pourquoi n'en avet Navet,
Puisque son Vallet en avet.

Navet n'avet point d'argent,
Navet n'avet point d'argent,
Et son Vallet en avet,
Et pourquoi n'en avet Navet,
Et pourquoi n'en avet Navet,
Puisque son Vallet en avet.

Navet n'avet point de pain,
Navet n'avet point de pain,
Et son Vallet en avet,
Et pourquoi n'en avet Navet,
Et pourquoi n'en avet Navet,
Puisque son Vallet en avet.

Navet n'avet point de nez ,
Navet n'avet point de nez ,
Et son Vallet en avet ,
Et pourquoi n'en avet Navet ,
Et pourquoi n'en avet Navet ,
Puisque son Vallet en avet.

DIALOGUE.

GAUTIER.

Elle à vos charmants appas
Ma liberté j'abandonne.

LA FILLE.

Ma mere a dit qu'elle ne veut pas
Que je caquette avec les hommes ,
Gardez bien vostre liberté ,
Je ne suis de vostre qualité.

GAUTIER.

Catin que ton visage est beau ,
Permets mon cœur que je le baise.

C

LA FILLE.

Voſtre cœur eſt dans le ventre d'un veau,
Je gaſterois voſtre fraiſe,
Les filles n'y ont poinc d'acquets
A eſcouter tant de caquets.

GAUTIER.

Que je baiſe ton blanc ſein,
Soit par fineſſe ou par ruſe.

LA FILLE.

Arreſtez vous, il n'y a que du foin ;
Sont des beſtes qui s'y amuſent,
Et pour Dieu, laiſſez-moi en pais,
Je m'en vay racler mes navets.

GAUTIER.

Avez-vous un ſerviteur,
Dittes-moy ma mie Françoiſe.

LA FILLE.

Vous l'irez dire à un crocheteur,
Et puis ce ſeroit de la noiſe,
Que j'en aye ou que n'en aye point,
Pour Dieu ne vous informéz point,

GAUTIER.

Dittes Belle , qu'aimez-vous ,
Aimez-vous bien la musique ?

LA FILLE.

Vrayment nous voila bien chanceux,
Il y a du monde à nostre boutique ,
Sont viandes creuses que vos chansons ,
On demande la bas des chaussons.

XXVII.

L'Autre jour me cheminois
Mon chemin droict à Lyon ,
En mon chemin je rencontre
La fille d'un vigneron ,
Elle me fit bonne chere
A la nouvelle façon.

En mon mon chemin je rencontre
La fille d'un vigneron,
Je lui demanday choppine,
Elle me tira du bon,
Elle me fit bonne chere
A la nouvelle façon.

Je lui demanday choppine,
Elle me tira du bon :
Quand la choppine fut buë,
Je lui demanday compton,
Elle me fit bonne chere
A la nouvelle façon.

Quand la choppine fut buë,
Je lui demanday compton,
Je bandis mon arbaleſte
Par deſſus mon vireton,
Elle me fit bonne chere
A la nouvelle façon.

Je bandis mon arbaleste
Par dessus mon vireton,
Je pris ma virez au bas,
Je lui mis droit dans le front,
Elle me fit bonne chere
A la nouvelle façon.

Je pris ma virez au bas,
Je lui mis droit dans le front,
O mon Dieu, dit la fillette,
Tu es gentil compagnon,
Elle me fit bonne chere
A la nouvelle façon.

XXVIII.

Fillettes ne faites point
Comme cela les honteufes,
Lorfqu'on vous parle du point
Qui vous rend toutes heureufes;
Ce femblant ne fert de rien,
Vous l'aymez, je le fçai bien.

Et nous qui fçavons que c'eft,
Ces mines nous font indice,
Que ce joly jeu vous plaift,
Sans ufer tant d'artifice,
Ce femblant ne fert de rien,
Vous l'aymez, je le fçai bien.

Ce bien qui vous eft offert
Eft un plaifir neceffaire,
La nature le requiert,
Et puis amour le tollere,

Ce semblant ne sert de rien ,
Vous l'aymez , je le sçay bien.

Que par vous donc estimé
Soit ce jeu qui vous fit naistre ,
Vos meres l'ont bien aymé ,
Sans lui vous ne pourriez estre.
Ce semblant ne sert de rien ,
Vous l'aymez , je le sçay bien.

Donnez Dames vostre amour ,
Nous vous donnerons le nostre ,
Nous jouerons chaque jour
A ce jeu l'un avec l'autre ,
Et nous gousterons le bien
Sans faire semblant de rien.

XXIX.

Quand je vous monstre lanneton (*bis.*)
Mon esguille & mon ploton,
Vous me voulez mordre,
Et vous donnez, ce dit-on,
Du fil à retordre.

Si j'entame quelque discours   (*bis.*)
Sur le sujet de mes amours,
Vous me voulez mordre,
Et si vous donnez tous les jours
Du fil à retordre.

Vous portez de petits collets,   (*bis.*)
A vos bras force chapellets,
Tout va d'un mesme ordre,
Mais vous donnez à vos valets
Du fil à retordre.

Vous me dites que vous tenez　　　　(*bis.*)
Ces pauvres foulleurs pour damnez ,
Si l'on n'y donne ordre ,
Et cependant vous donnez
Du fil à retordre.

Je ne vous sçaurois tant parler ,　　　(*bis.*)
Je sçai bien coudre & filler ,
Et sçai comme il faut tordre ,
Je vous prie donc de me donner
Du fil à retordre.

Si je touche voſtre teton ,　　　　(*bis.*)
Vous me menaſſez du baſton ;
Vous me voulez mordre ,
Et vous donnez pour un teſton
Du fil à retordre.

XXX.

UN Berger prend sa belle
Et va dans un buisson,
Se jouant avec elle
D'une douce façon :
Ma foy, je les veis bien ;
Mais je n'en diray rien.

Voyant la douce vie
Que menoient ces amants,
Mon ame fut ravie
De leurs contentements,
Ma foy je les veis bien ;
Mais je n'en diray rien.

Après mille caresses,
De la bouche & des yeux,
Je veis des gentillesses
Qui valoient beaucoup mieux :

Ma foi je les veis bien ;
Mais je n'en diray rien.

Mais lorſque je veis mettre
La main dedans le ſein ,
Cela me fit cognoiſtre
Quel étoit leur deſſein :
Ma foi je le veis bien ;
Mais je n'en diray rien.

X X X I.

JE ne ſçay que j'ay au cœur ,
Toute la nuiċt je ſoupire ,
Je ſens une vive ardeur ,
Qui ſans ceſſe me martyre ,
Une Bergere d'icy
Eſt cauſe de mon ſoucy.

Le jour je fu＇ tourmenté
De la rigueur de ma peine,
Sans cesse je fuis tenté,
Par une force inhumaine,
La Bergere que je voy
Est cause de mon esmoy.

Je pleure estant à part moy,
La rigueur de ma tristesse,
Et faudra comme je croy
Que je meure de détresse :
Une Bergere d'honneur
Est cause de ma douleur.

Mon mal est si gracieux,
Que bien content je l'endure,
Et si doux me sont ses yeux,
Que j'en ayme la blessure,
La Bergere de beauté,
Cause ma calamité.

XXXII.

J'Ai veu Guillot en chemise,   (*bis.*)
Contre un chesne bien à point,
Et Margot près lui assise,
Qui racoutroit son pourpoint :
Je ne veux plus aller qu'à l'amble,
Car le trot ne me plaist point.

Je veis sortir une vesse   (*bis.*)
D'un trou qui estoit mal joint,
Je ne veux plus aller qu'à l'amble,
Car le trot ne me plaist point.

Guillot en eust la fumée,   (*bis.*)
Par la manche de son pourpoint.
Je ne veux plus aller qu'à l'amble,
Car le trost ne me plaist point.

Je voulus voir la cheminée ,   (*bis.*)
D'ou fortoit le vent fi à point.
Je ne veux plus aller qu'à l'amble ,
Car le trot ne me plaift point.

La cheminée a deux trous ,   (*bis.*)
Guillot au plus long fe joint,
Je ne veux plus aller qu'à l'amble ,
Car le trot ne me plaift point.

Ça , dit-il , que je ramonne ,   (*bis.*)
Que le feu n'y prenne point ,
Je ne veux plus aller qu'à l'amble ,
Car le trot ne plaift point.

XXXIII.

NOus avions une grande servante
Que Tifaine l'on appelloit,
Je me jouay tant avec elle,
Qu'un gros garçon nous avons fait :
Vous serez mariée Tifaine,
M'en d'eust-il couster mon bonnet.

Je me jouai tant avec elle,
Qu'un gros garçon nous avons fait,
Quand elle se sentit enseincte,
La pauvre sotte, elle pleuroit :
Vous serez mariée Tifaine,
M'en d'eust-il couster mon bonnet.

Quand elle se sentit enseincte,
La pauvre sotte, elle pleuroit ;
A la fin je l'ai mariée
A un gros pitaux de Valet.
Vous serez mariée Tifaine,
M'en d'eust-il couster mon bonnet.

A la fin je l'ai mariée
A un gros pitaux de Valet,
Quand Tifaine fut à la nopce,
De malheur elle fit un pet.
Vous ferez mariée Tifaine,
M'en d'euft-il couter mon bonnet.

Quand Tifaine fut à la nopce,
De malheur elle fit un pet,
Et fon ferviteur la regarde,
Qui dit que plus il n'en vouloit :
Vous ferez mariée Tifaine,
M'en d'euft-il couter mon bonnet.

XXXIV.

Vous autres qui n'avez pas
Au menton barbe aſſez forte,
Venez, & n épargnez pas
Le trop qu'à mon cul je porte,
Bien qu'il fente l'ambre gris,
Je vous en ferai bon prix.

L'un après l'autre venez
Y apporter voftre nez.

S'il y a quelqu'un auffi
Qui ait befoin de lunettes,
Je lui en referve ici
Une paire de bien faittes,
Qu'il vienne les effayer,
Quitte pour n'en rien payer.
    L'un après l'autre venez
    Y apporter voftte nez.

Si les Dames de la Cour
Veulent armer leur vifage
Contre la chaleur du jour,
J'ai un mafque à leur ufage,
Doublé de poil de Ponant,
Fin & de bonne fenteur.
Pour voir fi je fuis menteur.
    L'un après l'autre venez
    Y apporter voftre nez.

XXV.

EN m'en allant au moulin   *(bis.)*
Avec le berger Colin,   *(bis.)*
Je rencontrai sur l'herbette
Tic tic ticque, la la, la,
Je rencontrai sur l'herbette
Perrette & le gros Cola.

Caché proche d'un buisson,   *(bis.)*
Je regardois leur façon,   *(bis.)*
Ils faisoient par amourettes,
Tic tic ticque, la la la,
Ils faisoient par amourettes
Ce qu'on appelle cela.

Que j'estime bien-heureux   *(bis.)*
Ce beau couple d'amoureux,   *(bis.)*
Qui font quand ils ont envie,
Tic tic ticque, la la la,
Qui font quand ils ont envie
Ce qu'on appelle cela.

Ma cruelle ne veut pas   (*bis.*)
Que je goufte tant d'appas,   (*bis.*)
Si toft que je lui veux faire
Tic tic ticque, la la la,
Si toft que je lui veux faire,
Elle dis, laiffez cela.

XXXVI.

L'Autre jour revenant
Tout laffé de ma vigne,
Rencontrai Margoton
A l'ombre d'une efpine :
Tu ne fçais pas Pierrot,
J'ai baifé ma voifine.

Rencontrai Margoton
A l'ombre d'une efpine,
Auffi toft je me mis
Deffus ma bonne mine :
Tu ne fçais pas Pierrot,
J'ai baifé ma voifine.

Aussi tost je me mis
Dessus ma bonne mine,
Je l'aborde en baisant
Sa bouche coraline :
Tu ne sçais pas Pierrot,
J'ai baisé ma voisine.

Je l'aborde en baisant
Sa bouche coraline,
O dieu combien de fleurs
Cueillis-je soubs l'espine ?
Tu ne sçais pas Pierrot,
J'ai baisé ma voisine.

O dieu combien de fleurs
Cueillis-je soubs l'espine :
Viendras-tu pas, dit-elle,
Demain revoir ta vigne ?
Tu ne sçais pas Pierrot,
J'ai baisé ma voisine.

Viendras-tu pas, dit-elle,
Demain revoir ta vigne ;
Non, ce lui dis-je alors,
J'ai trop mal à l'eschine.
Tu ne sçais pas Pierrot,
J'ai baisé ma voisine.

XXXVII.

Bastiane est bien malade,
On ne sçait ce qu'il lui faut,
On va chez le Medecin
Qui n'estoit qu'un gros lourdaut.
Allez l'amble Bastiane,
Vous allez trop rude au trot.

On va chez le Medecin
Qui n'estoit qu'un gros lourdaut,
Le Medecin la visite
Depuis le bas jusqu'en haut.
Allez l'amble Bastiane,
Vous allez trop rude au trot.

Le Médecin la visite
Depuis le bas jusqu'en haut ;
Mais le pauvre Médecin
N'avoit pas ce qu'il lui faut.
Allez l'amble Bastiane,
Vous allez trop rude au trot.

Mais le pauvre Médecin
N'avoit pas ce qu'il lui faut :
On va chez l'Apothicaire
Qui estoit un bon couillos.
Allez l'amble Bastiane,
Vous allez trop rude au trot.

On va chez l'Apothicaire
Qui estoit un bon couillos,
Il tira de sa pochette
Sa seringue & deux pruneaux.
Allez l'amble Bastiane,
Vous allez trop rude au trot.

Il tira de fa pochette
Sa feringue & deux prunaux,
Lui donna cinq ou fix prifes
Du jus de fon blanc firop.
Allez l'amble Biaftane,
Vous allez trop rude au trot.

Lui donna cinq ou fix prifes
Du jus de fon blanc firop :
Baftiane eft un peu gouluë,
Elle n'en fait qu'un morceau.
Allez l'amble Baftiane,
Vous allez trop rude au trot.

Baftiane eft un peu gouluë,
Elle n'en fait qu'un morceau,
Baftiane, Baftiane,
Il n'y a plus rien au chalumeau.
Allez l'amble Baftiane,
Vous allez trop rude au trot.

Baftiane , Baftiane ,
Il n'y a plus rien au chalumeau ,
Laiffez remplir la feringue ,
Et vous aurez du firop.
Allez l'amble Baftiane ,
Vous allez trop rude au trot.

XXXVIII.

QUe nous fert de diffimuler ,
Pour moi je ne puis plus celer ,
Que les baifers d'un jeune amy
Sont bien plus doux que ceux que donne
Un jaloux mary tout endormy.

Celle à qui ce jeu eft plaifant ,
Seroit bien ingrate en taifant ,
Que les baifers d'un jeune amy
Sont bien plus doux que ceux que donne
Un jaloux mary tout endormy.

Pour

Pour qu'un baiser donne appetit,
Il faut qu'il nous morde un petit;
Car les baisers d'un jeune amy
Sont bien plus doux que ceux que donne
Un jaloux mary tout endormy.

Ces baisers froids & languissans
Ne nous eschauffent point les sens,
Car les baisers d'un jeune amy
Sont bien plus doux que ceux que donne
Un jaloux mary tout endormy.

Ces plaisirs permis par les loix
Dégoustent dès le premier mois,
Mais les baisers d'un jeune amy
Sont bien plus doux que ceux que donne
Un jaloux mary tout endormy.

Les Dames de bon jugement
Ont un mary & un amant;
Car les baisers d'un jeune amy
Sont bien plus doux que ceux que donne
Un jaloux mary tout endormy.

D

XL.

BElle quand te lasseras-tu
De causer mon martyre ?
Je n'ai ni beauté ni vertu,
Cela vous plaist à dire,
Portez vos beaux discours ailleurs ;
Car je n'aimons pas les railleurs.

Non, je ne raille nullement,
Quand je te nomme belle.
Je sommes belle voirement ;
Mais c'est à la chandelle :
Neantmoins pas un sermoneur
N'a rien gaigné sur nostre honneur.

Tu sçais bien si tu me cognois,
Que je ne dissimule.
Vous donnez le goux à la nois,
Pour succer la pillulle,

Vrayment, qui ne vous cognoiſtroit „
Pourroit dire qu'il en tiendroit.

Tu tiens dans tes lacs le Phenix
Des amoureux fidelles.
Monſieur, je n'aimons pas l'anis,
C'eſt pour les Damoiſelles ;
Fuſt-il mille fois de Verdun ,
Ma bouche abhorre le parfum.

Dieu , belle que tu me fais là
De plaiſantes équivoques.
Vous eſtes un vray Monſieur boca
Avec vos farilloques
Pour de l'argent. . . . . . . bien ;
Puiſqu'on en donne tant pour rien.

De ta beauté je fus eſpris
En allant à vendange.
Là, là, Monſieur, tous vos meſpris
Vous ſervent de louange ;

D ij

C'eſt pour la forme ſeulement
Que vous faictes ce compliment.

Faut-il qu'un eſprit hébété,
Dans ce beau corps habite ?
Si vous nommez l'ardeur beauté,
J'ai en moy ce qu'on dicte :
Vous en contez ; mais vos rebus
Ne paſſont point pour Jacobus.

Mais quoi ! n'aimer point Iſabeau
Seroit commettre un crime.
C'eſt à Nicole du Ponceau
Qu'il faut parler en rime,
Elle répondra, car elle a lu
Les chanſons de lanturelu.

XLI.

Tout est perdu ma voisine,
Je me brusle à petit feu :
Le traistre a fort bonne mine,
Mais il a fort mauvais jeu ;
Et puis qu'il faut vous le dire,
Il n'a pas le mot pour rire.

Ha ! que n'estois-je endormie
Quand je fis ce faux marché ;
Hé ! ma commere, ma mie,
J'ai commis un grand peché ;
Car, puisqu'il faut vous le dire,
Il n'a pas le petit mot pour rire.

Je le pince & je le picque
Pour l'amener à mon point,
Mais il est si pacifique
Qu'il ne se revenche point :

D iij

J'ai beau lui faire & lui dire,
Il n'a pas le mot pour rire.

Mais tout ce qui me confole,
C'eft que fans lui dire mot,
Je ferai bientoft la folle,
S'il fait plus long-temps le fot :
Avec un qui pourra dire
Qu'il aura le mot pour rire.

X L I I.

G Autier eft bon cordonnier,   (bis.)
Qui faifoit bien un foullier ;
Mais je vous dis fi jufte,
Qu'il n'eft rien plus jufte,
Car il lui mettoit tout droit
La mefure qu'il lui falloit.

Le Cordonnier voulut voir ,   (*bis.*)
Si elle en pouvoit avoir :
Cordonnier si juste ,
Qu'il n'est rien plus juste.
Je te prie , dis moi tout droit
La mesure qu'il me faudroit.

Et je te prie n'en mens point :
Combien faudroit-il de point ,
Pour chausser si juste ,
Qu'il ne soit rien plus juste :
Je te prie , dis-moi tout droit ,
La mesure qu'il me faudroit.

Pour vous chausser bien à point ,
Il vous faudroit quinze point ,
Mais je vous dis si juste ,
Qu'il n'est rien plus juste ,
Madame , voilà tout droit
La mesure qu'il vous faudroit.

Lors il lui leva le pied,
Et tira son chauffepied,
Et lui mit si jufte,
Qu'il n'eft rien plus jufte,
Une forme bien à point
De treize ou quatorze point.

XLIII.

CAtin dormoit deffus l'herbette,
Colin leva fa chemifette,
Il vit je ne fçai quoi de noir,
Il lui dit, ma douce Perrette,
Je te prie, laiffe-moi tout voir,
Fa la la la, la la la, la la leyre,
Fa la la la, la la la, la la la.

Si tu l'avois veu, je fuis feure,
Tu me baiferois tout à l'heure,
Non ferai-je te le promets,
Elle baiffa fa chemifette,
Tu ne le verras donc jamais,
Fa la la la, la la la, la la leyre,
Fa la la la, la la la, la la la.

Colin recognoissant sa faute,
S'escria d'une voix si haute,
Mignonne, je te baiserai,
Elle leva sa chemisette,
Pour cela je le montrerai,
Fa la la la, la la la, la la leyre,
Fa la la la, la la la, la la la.

Colin la prend & si l'embrasse,
Et puis d'une amoureuse audace,
Il la baisa cinq ou six fois :
Reposons-nous ma douce amie,
Car c'est assez pour cette fois,
Fa la la la, la la la, la la leyre,
Fa la la la, la la la, la la la.

Recommençons ma chere vie,
Recommençons je t'en supplie,
Car à ce jeu je prends plaisir :
Pardonne-moi ma douce amie ;
Car je n'en ai plus de desir.
Fa la la la, la la la, la la leyre,
Fa la la la, la la la, la la la.

D v

Colin , la baiſe & la rebaiſe ,
Catin ne fut jamais ſi aiſe ,
Quand elle vit recommencer ;
Lors il lui a fait la choſette
Qu'une fille peut déſirer.
Fa la la la , la la la , la la leyre ,
Fa la la la , la la la , la la la.

XLVI.

Vous eſtes plaiſant
De couler votre main ,
Tantoſt ſoubs ma jupe ,
Et tantoſt ſur mon ſein.
Allez plus loing faire le fou ,
Monſieur pour qui me prenez-vous.

Vrayment c'eſt pour vous ,
Il vous faut un baiſer :
Vous ne mettez guere
A vous apprivoiſer ,
Allez plus loing faire le fou ,
Monſieur pour qui me prenez-vous.

Colin me forçoit
A mon contentement ,
Je ne refpondois
Qu'en difant doucement :
Allez plus loing faire le fou
Monfieur , pour qui me prenez-vous.

Ce badin alors
Ne me careffant plus ;
A mon grand regret ,
Prift ces mots pour refus :
Allez plus loing faire le fou
Monfieur pour qui me prenez-vous,

Sot , qui ne voit pas
Qu'on ofe le prier ,
Et que pour la mine
Au moins il faut crier.
Allez plus loing faire le fou ,
Monfieur , pour qui me prenez-vous.

D vj

XLV.

AUprès de Charonne ,   *(bis.)*
Une truye cochonne ,
A pondu trois perroquets ,
Et une paire de mullets :
On a veu Dame Simonne ,
Les coueffer de bavollets.

 Une mariée ,
Dès l'apresdinée
Monta sur un escabeau ,
Et pondit un estourneau ,
Son mari la r'envoye
Pour la refondre au fourneau.

Au milieu de France
On a veu Clemence ,
Qui se fardoit le teton,
D'une couainne de jambon ;
Elle en a farci sa panse ,
Pour plaire à Colin tampon.

Une lavandiere   (*bis.*)
Farde son derriere ,
Elle lui a fait faire un estuy
Tout d'or & de cuir bouilly ,
Quand elle est à la riviere ,
Son ponent est au midy.

XLVI.

AU logis de Cupidon ,
J'estois le premier garçon ,
Quand il mit du feu Gregois
Dedans ma soupe & dans mes pois.

Je brusle comme un tison
Pour l'amour de Marion ,
Et quand j'ai mangé mes navets ,
Je lui compose des Sonnets.

Elle a gravé ses amours
Sur ma toque de velours ,

Et moi sur mon corset gris
J'ai painturé tous mes ennuis.

Elle conte tous les mois
Mes perfections par ses doigts ;
Et moi avec des jettons ,
Je lui calcule ses oysons.

L'autre jour aux quinze-vingts
Je lui donnai des raisins ,
Pour lui lascher doucement
Tous les affaires du ponent.

XLVII.

MA Commere quel courroux
Me vient saisir le courage ,
Maudit soit le mariage ,
Et les maris qui sont doux :
Chez nous le mien fait le sage ,
Par tout ailleurs il est fou,

Vous voyez ce bel espoux
N'avoir soin que du mesnage,
N'ayez pas peur qu'il s'engage
A me rien dire chez nous,
Car il y fait trop le sage;
Par tout ailleurs il est fou.

Il me fléchit les genous
Quand il revient du village;
Mais à quoi sert cet hommage;
Il ne fait rien du tout:
Car il y fait trop le sage;
Par tout ailleurs il est fou.

Je lui dis d'où venez-vous,
Et de crier je fais rage,
Pensant l'aigrir d'avantage,
Pour en avoir quelque gous,
Mais il fait trop le sage,
Par tout ailleurs il est fou.

Je confesse avecque vous
Que je suis un laid visage,
Mais la nuit j'ay l'advantage;
Il y devroit prendre goux,
Mais chez nous il fait le sage;
Par tout ailleurs il est fou.

XLV.

Pour eschauffer mon vieillard,
J'ai beau chercher des ruses;
J'ai tousiours du vieux penart
De nouvelles excuses
Sa carcasse est immobile,
En ce que je vais cherchant;
Mais s'il veut vivre inutile,
Je n'en veux pas faire autant.

Tous ses membres à demi morts
Font une anathomie,
Ce qu'il a d'humeur au corps,
S'en va par sa roupie;

Le refte fec & débile
N'a rien de ce qui plaîſt tant ;
Mais s'il veut vivre inutile ,
Je n'en veux pas faire autant.

Quand nous fommes entre deux dras ,
Tous deux couchés enſemble ;
Bien qu'il ſoit entre mes bras ,
Il a ſi froid qu'il tremble :
Il me dit Margot ma mie ,
Dormons , car il en eſt temps ;
Mais s'il veut vivre inutile ,
Je n'en veux pas faire autant.

Dans ſon faſcheux entretien ,
Sans ceſſe il me ſermonne
Pour vivre en femme de bien ,
Qu'il ne faut voir perſonne :
Sa remonſtrance inutile ,
N'a rien de ce qu'il prétend.
Car s'il veut vivre inutile ,
Je n'en veux pas faire autant.

Tousiours sa jalouse humeur
En contre moy s'irrite ,
Tant l'impuiſſant a de peur
Des cornes qu'il merite ;
Car bien qu'il ſoit mal habillé ,
Encore juge-t'il pourtant
Que s'il veut vivre inutile ,
Je n'en veux pas faire autant.

XLVI.

UNe fille de village
Avecque ſon bavolet ,
Elle m'a preſté ſa cage
Pour mettre mon perroquet ;
Et pourquoi puis qu'on y penſe
Le plus ſouvent en dormant ,
Ne dira-on en la danſe
Le petit mot en paſſant.

Elle m'a preſté ſa cage
Pour mettre mon perroquet ,
La cage eſtoit trop petite ;
Il n'y entra que le bec ,

Et pourquoy puis qu'on y penſe
Le plus ſouvent en dormant :
Ne dira-on en la danſe
Le petit mot en paſſant.

La cage eſtoit trop petite,
Il n'y entra que le bec,
Puis pouſſant & faiſant rage,
Il y entra tout à fait ;
Et pourquoy, puis qu'on y penſe
Le plus ſouvent en dormant :
Ne dira-on en la danſe
Le petit mot en paſſant.

Puis pouſſant & faiſant rage,
Il y entra tout à fait ;
Et quand il y fut entré,
Dieu ſçait comme il gazouilloit ;
Et pourquoi puis qu'on y penſe
Le plus ſouvent en dormant :
Ne dira-on en la danſe
Le petit mot en paſſant.

Et quand il y fut entré ,
Dieu sçait comme il gazouilloit ,
Il s'en va de chambre en chambre
Tout jusques au cabinet ;
Et pourquoy puis qu'on y pense
Le plus souvent en dormant ;
Ne dira-on en la danse
Le petit mot en passant.

Il s'en va de chambre en chambre
Tout jusques au cabinet ,
Et de là à la cuisine
Pour voir si le pot bouilloit ;
Et pourquoy puis qu'on y pense
Le plus souvent en dormant ;
Ne dira-on en la danse
Le petit mot en passant.

Et de là à la cuisine
Pour voir si le pot bouilloit ,
Mais il y choqua si fort
Qu'il respandit le brouoit ,

Et pourquoy puis qu'on y pense
Le plus souvent en dormant,
Ne dira-on en la danse
Le petit mot en passant.

XLVII.

A Lizon tenant Philaire pour estre sien,
Le supplie de lui faire,
Vous, vous, vous m'entendez bien;
Mais Philaire dit en colere
Qu'un vieil pot ne valloit rien.

Elle qui soudain renfrongne ses vilains yeux,
Luy dit en faisant la trongne
Fou, fou, fou parle un peu mieux,
Qui veut un bon luth de Boulongne,
Ne prend il pas des plus vieux.

Alizon quoy que tu face en ton courroux,
Je fuis ta vieille grimace,
Com, com, com, un vieil chien fous,
Jamais un bon chien de chaſſe
Ne furette en des vieux trous.

Alizon pleine de rage en ce congé,
Luy dit, tu me fais outrage :
Vi, vi, vilain enragé,
On aime mieux un fromage
Que les mittes ont mangé.

XLVIII.

JE m'en allay à Bagnolet,
Où je trouvay un grand mulet
Qui plantoit des carrottes,
Ma Madelon je t'aime tant,
Que quaſi je radotte.

Je m'en allay un peu plus loing,
Trouvay une botte de foing
Qui danſoit la gavotte :
Ma Madelon, je t'aime tant,
Que quaſi je radotte.

Je m'en allay en noſtre jardin,
Trouvay un chat incarnadin
Qui décrottoit ſes bottes.
Ma Madelon je t'aime tant
Que quaſi je radotte.

Je m'en revins en noſtre maiſon,
Où je rencontray un oyſon
Qui portoit la callotte,
Ma Madelon, je t'aime tant
Que quaſi je radotte.

XLIX.

JEan cette nuict, comme m'a dit ma
    mere,
Doit m'aſſaillir, mais je ne le crains gueres,
                  Si,
Ma mere n'en eſt pas morte,
Je n'en mourray pas auſſi.

Je ne ſuis de ces folles badines
Qui font venir à l'ayde leurs voiſines,
                  Si,
Ma mere n'eſt pas morte,
Je n'en mourray pas auſſi.

Quelque vigueur qu'il ait dans la bataille,
Je ne fuirois pour quatre de ſa taille,
                  Si,
Ma mere n'en eſt pas morte,
Je n'en mourray pas pas auſſi.

                              Je

Je penſe bien qu'il me mettra par terre,
Mais quoyqu'il ſoit ſur moy dans cette
      guerre,   Si,
Ma mere n'en eſt pas morte,
Je n'en mourray pas auſſi.

L.

MOn pere m'a mariée
A un vieillard fort jaloux ;
Le premier jour de mes nopces
S'en va au marché à Tours :
Mouvons, mouvons les genoux,
Nous ne les mouverons pas tousjours.

Le premier jour de mes nopces
S'en va au marché à Tours,
Il m'a achepté trois aulnes,
Trois aulnes de fin velours :
Mouvons, mouvons les genoux,
Nous ne les mouverons pas tousjours.

E

Il m'a achepté trois aulnes,
Trois aulnes de fin velours,
Il m'a fait faire une robbe
Qui me vient jusqu'aux genoux :
Mouvons, mouvons les genoux,
Nous ne les mouverons pas tousjours.

Il m'a fait faire une robe
Qui me vient jusqu'aux genoux,
Mon amy y est venu
Qui a mis la main par dessous,
Mouvons, mouvons, les genoux,
Nous ne les mouverons pas tousjours.

Mon amy y est venu
Qui a mis la main par dessous,
Il a treuvé une Dame,
Il s'est mis à deux genoux :
Mouvons, mouvons les genoux,
Nous ne les mouverons pas tousjours.

Il a treuvé une Dame ,
Il s'est mis à deux genoux ,
Lui bailla une chandelle
Qui n'est pas de suif du tout.
Mouvons , mouvons les genoux ,
Nous ne les mouverons pas tousjours.

L I.

J'Ay veu des jeunes fillettes
S'ébattre dedans un pré ,
A dix mille jeux honnestes ,
Comme il leur venoit à gré.
    Helas ! que n'étois-je là
    Pour rouler comme cela.

L'une chante , l'autre danse ,
Chacune prend son plaisir ,
S'entrebaise & s'entr'embrasse,
Jouyssant de leur desir.
    Helas ! que n'estois-je là
    Pour rouler comme cela.

La plus petite s'advise,
A ce que j'ai veu de loing,
A brider sa grand' chemise
Pour mieux rouler sur le foing.
Helas ! que n'estois-je la
Pour rouler comme cela.

Les voilà toutes induites
Afin de mieux débutter,
Je croy que la plus petite,
Sa part n'en voudroit quitter.
Helas ! que n'estois-je là
Pour rouler comme cela.

Une brunette entre toutes
D'une nouvelle façon,
Se rouloit à la renverse
Avec un beau gros garçon.
Hélas ! que n'estois-je là
Pour rouler comme cela.

Peu s'en faut que je ne meure
De ce depart si soudain ;
Mais je croy qu'à la mesme heure
Ils y reviendront demain,
    Et je me trouveray là
    Pour rouler comme cela.

LII.

UN jour un mignon de Paris
Disoit à sa coquette,
Et vrayment je suis bien marry,
J'ay gasté ma manchette,
J'ay un rabat de point couppé
Que vous verrez après souppé.

Elle respond en souspirant
D'une façon mocqueuse,
Je cognois à vos beaux discours
Que vous lisez Nerveze,
En verité je vous le dis,
Vous sçavez tous vos Amadis.

Entendant ce difcours difcret
Rajuta fa rotonde ,
Et renoua le rubent vert
De fa mouftache blonde ,
Difant , vous dites vray Cloris,
On le dit par tout à Paris.

Vous avez un terrible efprit
Entre vous autres hommes ,
Car vous parlez tousjours d'amour
Ainfi que Meliflore ,
Avec votre doux parler
Vous nous venez enforceler.

Belle qui charmez le deftin ,
Avec vos gands d'Efpagne,
Puifque l'aurore du matin
Ca bas nous accompagne ,
Et que vos beaux yeux font fi doux,
Adieu , je prends congé de vous.

LIII.

JE mé boutte à la débauche,
J'en suis tout esbalobbé ,
Un catarre m'est tombé
Dessous la mammelle gauche ,
Guillot me dit l'autre jour
Que c'estoit le mal d'amour.

❊

Son humeur me dissimule
Sans que j'aye aucun repos ,
J'ay treuvé tout à propos
Un Medecin sur sa mule ,
Qui me dit fort bien & beau ,
Que je n'estois qu'un gros veau.

❊

Et puis j'ay Martin en teste ,
Margot dit qu'elle ayme mieux
Janot qui à Gouvieux
Entend le valet de feste :
M'en voilà tout espouvanté ,
Mal sus mal n'est pas santé.

❊

Sous ombre d'un peu de tarre,
Que son pere eut par retrait
C'est un bourgeois en pourtrait,
Morguenne comme il se carre,
Mais soit limestre ou bureau,
Il n'est que le natureau.

Margot estoit doulouzée,
Et je lui dis en ce poinct,
Pourquoi ne m'ayme-tu point,
Tu seras mon espousée,
Mais sans respondre, Margot
Soudain me fendit l'argot.

LIV.

JE resve en ma memoire
Cinq ou six bonnes chansons,
Pour dire avec ces garçons,
Cela j'entend après boire.
Branlons, c'est trop cajoler,
Bran qui ne voudra branfler.

Je vous dirois la Guimbarde,
Mais tout le monde la sçait,
Détachez-lui son lacet,
Vous la verrez plus gaillarde.
Branlons, c'est trop cajoler,
Bran qui ne voudra bransler.

J'aime une grosse nourrice,
Vous ne sçavez pas pourquoy,
C'est qu'aussi-tost qu'elle boit
Tout aussi tost elle pisse,
Branlons, c'est trop cajoler,
Bran qui ne voudra bransler.

Dites-moy Dame Francine,
Vous montrez tous vos genoux,
Sus garçons resveillons-nous,
Que chacun baise la sienne,
Branlons, c'est trop cajoler,
Bran qui ne voudra bransler.

E vi

Le bas d'une vieille afneſſe
Que je montois l'autre jour,
En allant faire l'amour
M'a tout efcorché la feſſe,
Branlons, c'eſt trop cajoler,
Bran qui ne voudra branſler.

LV.

COmmere je fuis au defefpoir,
Mon mary ne me veut plus voir :
Il dit tousjours fi de l'amour,
Vendredy, Samedy, ma commere,
Vendredy, Samedy font deux jours.

Quel aage peut-il bien avoir,
Qu'il ne vous rend plus de devoir,
A-t'il manqué beaucoup de jours,
Vendredy, Samedy ma commere,
Vendredy, Samedy font deux jours.

Ma commere il n'est pas si vieux,
Que s'il vouloit, il feroit mieux ;
Mais il est quinteux & jaloux.
Vendredy, Samedy, ma commere,
Vendredy, Samedy, font deux jours.

Le mien m'en vouloit faire autant,
Mais je l'ay changé à l'instant
A un qui baise nuit & jour.
Vendredy, Samedy, ma commere,
Vendredy, Samedy font deux jours.

LVI.

CE fut sur nostre montée,
Ha ! que je suis infortunée,
Qu'un galand m'a rencontrée,
O le meschant malheureux.
Ha ! que je suis infortunée,
Nostre poulle a cassé ses œufs.

Qu'un galand m'a rencontrée ,
Ha ! que je suis infortunée ,
Où il m'a très-bien cognée ,
Jamais je ne veis tel coigneux.
Ha ! que je suis infortunée ,
Noſtre poulle a caſſé ſes œufs.

Où il m'a très-bien cognée ,
Ha ! que je suis infortunée ,
Mais moy qui ſuis obſtinée ,
Pour un coup j'en rendis deux.
Ha ! que je ſuis infortunée ,
Noſtre poulle a caſſé ſes œufs.

Mais moi qui ſuis obſtinée ,
Ha ! que je ſuis infortunée ,
Maiſtreſſe en ſuis demeurée ,
Dont il fut le plus honteux.
Ha ! que je ſuis infortunée ,
Noſtre poulle a caſſé ſes œufs.

Maiſtreſſe en ſuis demeurée,
Ha ! que je ſuis infortunée,
Ma mere y eſt arrivée
Qui nous a criez tous deux,
Ha ! que je ſuis infortunée,
Noſtre poulle a caſſé ſes œufs.

LVII.

MOn pere avoit deux garçons
Qui alloient à l'eſcolle,
Ils ſçavoient quaſi par cœur
Toute leur patenoſtre,
Le petit eſt mort & le grand vit,
Et le grand vit encore.

Ils ſçavoient quaſi par cœur,
Toute leur patenoſtre,
Ils ſçavoient conter cinq ſols
Sans manquer d'une obole,
Le petit eſt mort & le grand vit,
Et le grand vit encore.

Ils sçavoient compter cinq sols
Sans en manquer d'une obole,
Mais là dessus arriva
La mort qui tout dévore :
Le petit est mort & le grand vit,
Et le grand vit encore.

Mais là dessus arriva
La mort qui tout devore ;
Elle a pris le plus petit,
Et nous a laissé l'autre,
Le petit est mort & le grand vit,
Et le grand vit encore.

LVIII.

UN gros garçon de village
Cullebuttoit sur du foin,
Margot le voyant de loin,
S'approche & tint ce langage ;
Ta cullebutte ne vaut rien,
Un peu d'ayde fait grand bien.

Tu fais bien le difficile,
Et fais peu d'estat de moy ;
Me voyant si près de toy,
Va cullebutter sans fille,
Ta cullebutte ne vaut rien,
Un peu d'ayde fait grand bien.

Un masle & une femelle
Ont un plaisir plus parfait,
Car la cheute que l'on fait
Est beaucoup plus naturelle :
Ta cullebutte ne vaut rien,
Un peu d'ayde fait grand bien.

Quand elle eust dit la parole,
Ce drosle l'a cullebutté ;
Mais le sentant culletté,
A crié comme une folle :
Cognois-tu pas grand vaurien
Qu'un peu d'ayde fait grand bien.

LIX.

DOnne-moy ton pucelage,
Difoit Pierrot à Thoinon,
Elle refpondit que non;
Ma foy tu n'es qu'une befte,
Je te feray des préfens
Plus beaux que les courtifans.

Une paire de noifettes
Avec un fromage gras,
Un devantier & des draps,
Donne-moy tes amourettes,
Je te feray des prefens
Plus beaux que les courtifans.

Si j'ai ce que je pourchaffe,
Je te promets un gafteau,
Une quenouille, un fuzeau,
Pour retordre ta fillaffe,

Je te feray des preſens
Plus beaux que les courtiſans.

Ces beaux mignons de la ville
Pour rien te feront l'amour ,
Es tu te plaindras un jour
De ta jeuneſſe gentille.
Je te feray des préſens
Plus beaux que les courtiſans.

Deux perles orientales
Et un ruby cabochon ,
Deſgarny de capuchon ,
Veux-tu que je les eſtalles.
Je te feray des preſens
Plus beaux que les courtiſans.

LX.

MOn compagnon & moy un jour par
    fantaisie,
Je nous allions promener le long d'un verd
    boccage,
En mon chemin je rencontray
Un gros & grand & large sacq.

Le panier que c'estoit estoit tout plein de
    neffles,
L'Advocat est d'avis que c'estions des gre-
    nouilles,
Je lui ay dit tout en riant,
Je vous remercie de bien bon cœur.

Que ne vous marie-n'en la belle jeune fille,
A un beau Cordonnier de noble parentage,
Qui ayt de l'or & de l'argent
Pour acheter de beaux habits tous neufs.

LXI.

UN jour madame Pasquette
Me mena dans son jardin,
Me donna par amourette
Un boucquet de romarin,
Et autre chose & tout, que vous entendez
      mes Dames,
Et autre chose & tout, que vous entendez
      tretous.

Je lui dis bas à l'oreille,
Ma douce amie, baise moy,
Baise moy à la pareille,
J'en ay besoin sur ma foy,
Et d'autre chose & tout, &c.

Point ne fit de la mauvaise,
Je la jettay à l'envers,
Puis je l'acolle & la baise,
Veis ses genoux descouverts,
Et autre chose & tout, &c.

Ainſi comme pouvez croire
Cela me mit en humeur,
Puis ſurvint une colere
Qui me fit enfler le cœur,
Et autre choſe & tout, &c.

＊

Je commençai à combattre,
La pauvrette ſe rendit,
Deux ou trois fois, voire quatre,
Puis l'haleine me faillit,
Et autre choſe & tout, &c.

＊

Prenez du vin, dit la belle,
Pour vous remettre en humeur;
Par ma foy, Madamoiſelle,
Le vin me fait mal au cœur,
Et autre choſe & tout, &c.

＊

Deviſons un peu, dit-elle,
Me voulez-vous ja laiſſer,
Par ma foy Madamoiſelle
Je ſuis las de déviſer,
Et d'autre choſe & tout, que vous entendez
　　mes Dames,
Et d'autre choſe & tout, que vous entendez
　　tretous.

LXII.

UN gros mignon efpoufa une fille
Qui accoucha dès la nuit enfuivant,
Comment , dit-t'il , fuis-je bien fi habile,
Du premier coup avoir fait un enfant ?
Comment cela ? toutes les nuits autant ,
Au bout de l'an j'en aurois à foifon ,
Adieu vous dy, femmes qui portez tant ,
Vous rempliriez d'enfans une maifon.

Si vos filles mal adverties
N'ont aucune occupation ,
Frotez-leur fort le cul d'orties ,
Elles auront occupation ,
Et je croy que fans fiction
Tant penferont à le gratter,
Qu'elles trouveront l'invention ,
De fouvent leurs feffes froter.

Un Advocat dit à fa femme,
Sus ma mie que jourons-nous,
Si je gaigne ce dit la Dame,
Vous me baiferez quatre coups,
Quatre coups c'eft couché trop gros,
Comment fe feroit fans pitié,
Non, mon maiftre tenez-les tous,
Dit le Clerc, je fuis de moitié.

Le Clerc d'un Procureur trouva
Un jour Madame fur un lict,
Lequel tout foudain fe força
Luy donner en dormant deduit,
La Dame s'éveille au conflit
Dit librement, je le diray,
Et par bieu donc, je m'en iray,
Sans parachever le furplus,
Va, va, dit-elle, non feray,
Acheve, mais n'y reviens plus.

Maiftre Aubrelin cajolleur de fillettes,
Fin crocheteur de leurs defirs couvers,
Cajolla tant une des plus jeunettes,

Qu'à son plaisir la fist mettre à l'envers,
Or leurs plaisirs tant furent descouvers,
A la grand mere on conta tout le fait,
Va, va, dist-elle, meschant vilain,
As-tu voulu lui faire un tel outrage :
Que plust à Dieu que tu me l'eusse fait,
Et qu'elle n'eust point perdu son pucelage.

LXIII.

IL nous faut avoir des tondeux en nos
   maisons,
C'est pour tondre la laine à nos moutons,
Tondez la nuict, tondez le jour,
Tondez les tous les quinze jours,
Et tous les trois semaines,
Et puis les compagnons viendront
Qui ton, qui ton, qui tonderont,
Qui tonderont la laine.

Il nous faut avoir des cardeux en nos maisons,
C'est pour carder la laine à nos moutons,

Cardez la nuict, cardez le jour,
Cardez-les tous les quinze jours
Et tous les trois femaines,
Et puis les compagnons viendront
Qui car, qui car, qui carderont
Qui carderont la laine.

Il nous faut avoir des fileurs en nos maï-
fons,
C'eſt pour filer la laine à nos moutons,
Filez la nuit, filez le jour,
Filez-les tous les quinze jours,
Et tous les trois femaines,
Et puis les compagnons viendront
Qui fi, qui fi, qui fileront,
Qui fileront la laine.

Il nous faut avoir des fouleurs en nos maï-
fons,
C'eſt pour fouler la laine à nos moutons,
Foulez la nuict, foulez le jour,
Foulés les tous les quinze jours,   Et

Et tous les trois semaines ,
Et puis les compagnons viendront
Qui fou qui fou qui fouleront
Qui fouleront la laine.

LXIV.

JE ne voudrois pas estre ,
Verduron durette ,
Je ne voudrois pas estre
Femme d'un Medécin ,
Ont tousiours le nez au bassin,
Ont tousiours le nez au bassin ,
Ne sentent que la merde ,
Verduron durette
Ne sentent que la merde
Le soir & le matin.

Je ne voudrois pas estre ,
Verduron durette ,
Je ne voudrois pas estre
Femme d'un Advocat ,
Ont tousiours le nez sur le sac ,

F

Ont tousiours le nez sur le sac,
Pour juger le l'étiquette,
Verduron durette,
Pour juger le l'étiquette
Le soir & le matin.

Je ne voudrois pas estre
Verduron durette,
Je ne voudrois pas estre
La femme d'un chastré,
Ils ont le menton tout pelé,
Ils ont le menton tout pelé,
Et n'ont point de sonnettes,
Verduron durette,
Et n'ont point de sonnettes
Qui reveille au matin.

Je ne voudrois pas estre,
Verduron durette,
Je ne voudrois pas estre
Femme d'un Courtisant
Ce ne sont rien que mesdisans

Et font mille amourettes
Verduron durette,
Et font mille amourettes
Le soir & le matin.

Mais je voudrois bien estre
Verduron durette,
Mais je voudrois bien estre
Femme d'un Menusier,
Ils ne font rien que cheviller,
Ils ne font rien que cheviller,
Et fouille en la cassette,
Verduron durette
De ces jeunes fillettes,
Le soir & le matin.

TABLE
DES CHANSONS
DE GAULTIER
GARGUILLE.

Un jour en me , *page*   1
Mon Compere a une   4
Quand Guillot vient   7
J'ai acquis une Maîtresse   9
Un beau matin je renc.   11
Un jour allant voir ma   13
Comment filerois-je   14
Belle je vous offre un   16
Vous pouvez faire la belle   14
A l'ombre d'une fougere   19
L'autre jour un gentil   21
En m'en revenant de Gasc.   22
Ouvrez-nous la Belle   25

Je demandai à la vieille   27
Que je me plais foubs   29
Je fçai une jolie chanfon,   30
Que l'amour eft rigour,   32
Et de mon afne   34
Quelqu'un me dit en   36
En ce beau tems de vend.   37
Pour un feftin qui m'a   39
Amour tenoit fa feance   40
Mon Dieu que je plains   42
Mon pere m'a donné   44
Je perdis au foir ici   46
Navet n'avet point de   48
Belle à vos charmants   49
L'autre jour me chemin.   51
Fillettes ne faites point   54
Quand je vous monftre   56
Un Berger prend fa belle   58
Je ne fçai que j'ai au cœur   59
J'ai veu Guillot en chem.   61

TABLE

Nous avions une grande   63
Vous autres qui n'avez   64
En m'en allant au moulin   66
L'autre jour revenant   67
Bastiane est bien malade   69
Que nous sert de dissimul.   72
Belle quand te lasseras-tu   74
Tout est perdu ma voisine   77
Gautier est bon cordon.   78
Catin dormoit dessus l'her.   80
Vous estes plaisant   82
Auprès de Charonne   84
Au logis de Cupidon   85
Ma Commere quel cour.   86
Pour eschauffer mon vieil.   88
Une fille de village   90
Alizon tenant Philaire   93
Je m'en allai à Bagnolet   94
Jean cette nuict, &c.   96
Mon pere m'a mariée   97

J'ai veu des jeunes fillettes 99
Un jour un mignon de 101
Je me boute à la débauc. 103
Je refve en ma memoire 104
Commere je fuis au defef. 106
Ce fut fur noftre montée 107
Mon pere avoit deux 109
Un gros garçon de village 101
Donne-moi ton pucelage 113
Mon compagnon, &c. 114
Un jour Madame Pafquet. 115
Un gros mignon efpoufa 117
Il nous faut avoir des, &c. 119
Je ne voudrois pas eftre 121

FIN.

APPROBATION.

NOus souffignez maîtres és Arts comiques recreatifs, certifions avoir lû curieufement le recuil des Chanfons plaifantes du facetieux Gaultier Garguille, auquel nous n'avons rien trouvé qui ne foit capable non-feulement de defopiler la rate, mais de purger entierement l'humeur melanéolique. En foi de quoi nous avons figné la préfente Approbation. A Paris en l'Hôtel où l'on fe fournit de Ris pour le Carefme, le dernier de Décembre mil fix cens trente-un.

TURLUPIN.

GROS-GUILLAUME.